AF561106

RAPPORT

SUR

L'ORGANISATION INTÉRIEURE

DE LA

SOCIÉTÉ DE SECOURS AUX BLESSÉS

DES ARMÉES DE TERRE ET DE MER

PAR

M. E. LE CAMUS, **Membre du Conseil.**

PARIS
IMPRIMERIE CENTRALE DES CHEMINS DE FER
A. CHAIX ET Cie
RUE BERGÈRE, 20, PRÈS DU BOULEVARD MONTMARTRE.
1871

RAPPORT

SUR L'ORGANISATION INTÉRIEURE

DE LA

SOCIÉTÉ DE SECOURS AUX BLESSÉS

DES ARMÉES DE TERRE ET DE MER.

Messieurs,

Vous avez confié à une Commission de trois membres le soin d'étudier s'il n'y avait pas des améliorations à apporter dans quelques services de la Société.

Nous avions cru d'abord qu'il suffirait de vous présenter quelques observations sur des points de détail, mais la réflexion et l'examen de diverses questions qui se sont successivement offertes à notre esprit nous ont amenés à penser qu'il y aurait une utilité réelle à formuler un travail d'ensemble sur l'organisation générale de la Société.

C'est ce rapport dont je me suis chargé. Peut-être mes deux honorables collègues y trouveront-ils quelques idées personnelles dont ils ne voudront pas accepter l'entière solidarité. J'ai cru devoir cependant les maintenir dans la présente communication au Conseil, afin que le plan général, tel que je l'ai conçu, soit soumis dans toutes ses parties à vos délibérations et qu'il puisse servir plus tard de base solide à une discussion approfondie.

Je tiens d'abord à bien préciser, comme *point de fait*, que ce travail n'est à aucun degré la critique de ce qui existe. L'élaboration du projet que je soumets aujourd'hui au Conseil m'a été rendu facile, en raison même des essais et des expériences que nous avons tous faits en commun, et j'eusse été probablement dans l'impossibilité de le présenter, s'il m'avait fallu l'improviser dans ses détails au moment où la guerre a éclaté. Je vous prie donc, Messieurs, de vouloir bien ne le considérer à aucun degré comme une œuvre personnelle, mais comme le résultat de réflexions qui m'ont été suggérées par l'observation du fonctionnement des divers services de la Société.

Depuis le début de la guerre, le Conseil a été obligé de tout improviser au jour le jour ; de créer les services au fur et à mesure qu'une nécessité nouvelle venait en démontrer l'urgence. Pour ceux qui ont connu notre point de départ, les résultats auxquels il nous a été permis d'atteindre et l'estime juste et méritée dont la Société est aujourd'hui l'objet, il ne saurait y avoir place que pour un véritable respect pour le dévouement des membres qui ont accepté une pareille tâche et une pareille responsabilité. Nous pouvons affirmer, sans crainte d'aucun démenti, que la Société internationale française de Secours aux blessés a bien mérité de la France et de l'humanité.

A ceux qui voudraient lui reprocher quelques erreurs et quelques tâtonnements, nous répondrons par cet axiôme toujours vrai : Qu'il n'y a que ceux qui ne font rien qui peuvent espérer de ne jamais se tromper.

Mais si je rends ainsi un juste hommage à la Société dans le passé et même dans le présent, je ne saurais aller jusqu'à dire qu'elle soit arrivée du premier coup à une perfection définitive. Je crois que le Conseil a fait beaucoup, qu'il a fait au delà de ce qu'on pouvait raisonnablement supposer, et que nul reproche ne peut, sans injustice, lui être adressé; mais à une condition, c'est qu'il mette aujourd'hui à profit tous ses tâtonnements, toutes ses expériences, pour soumettre à une investigation sévère ses divers services, rectifier les erreurs inséparables de toute improvisation et donner à la Société française une assiette et une constitution qui puisse servir de règle et d'exemple pour toutes les Sociétés analogues.

Lorsque la guerre sera terminée et que nous aurons repris nos occupations diverses, nous nous disperserons, et il sera difficile de nous retrouver avec la même régularité journalière pour discuter et fixer nos souvenirs. Profitons donc du moment actuel qui me semble opportun. Le Conseil a fonctionné depuis assez longtemps pour que ses idées soient arrêtées sur le fort et sur le faible des services, et la guerre n'étant pas encore terminée nous donne le loisir nécessaire pour étudier et arrêter un plan général. L'application complète de ce projet dans toutes ses parties ne saurait être immédiate ; mais une fois discuté et accepté dans son ensemble, il resterait dans nos archives et servirait de base, dans un avenir rapproché, à une réorganisation nécessaire, si nous voulons que l'œuvre entreprise depuis six mois et qui, je l'espère, nous laissera à tous des souvenirs d'estime et d'affection les uns vis-à-vis des autres, subsiste d'une manière stable et permanente.

II

Mais avant d'entrer dans aucun détail et d'aborder l'organisation même de la Société, il me semble utile d'entrer dans quelques considérations générales et de dégager une question sur laquelle il existe des divergences dans l'esprit de plusieurs membres du Conseil. Je veux parler de la situation que la Société de Secours doit occuper vis-à-vis de l'administration de la guerre et du rôle auquel elle peut et doit prétendre.

Je l'affirmerai de suite ; dans ma pensée, l'action de la Société de Secours doit être parallèle et non subordonnée à celle de l'intendance. C'est un service qui a une importance extrême et une raison d'être suffisante pour avoir le droit de réclamer une existence indépendante.

Le service sanitaire des armées en campagne n'a été évidemment confié au Commissariat général de la guerre d'abord et ensuite à l'Intendance que par une erreur, très-légitime alors, de ceux qui l'ont ainsi organisée. Ils ne pouvaient, il y a soixante-dix ans, prévoir les découvertes modernes et soupçonner que le soin des blessés prendrait un jour, dans les préoccupations publiques, une importance de premier ordre.

Il suffit du reste de se reporter aux faits historiques pour comprendre cette erreur. Dans les guerres des siècles derniers, quelques commandants supérieurs, princes, généraux ou colonels, emmenaient à leur suite un ou deux chirurgiens spécialement attachés à leur personne ;

2

mais aucune précaution médicale n'était prise pour le simple soldat qui, une fois blessé, était presque toujours abandonné et perdu.

Dans les armées de la République de 1789, on voit pour la première fois apparaître des chirurgiens spécialement affectés à des corps de troupes. L'empire développa, dans une certaine mesure, cette organisation, et c'est la restauration qui, en constituant l'Intendance militaire, lui subordonna le service sanitaire. Cette situation s'est maintenue pendant cinquante ans avec de nombreux tiraillements entre le corps médical et l'Intendance. Jusqu'à la guerre actuelle, l'Intendance a conservé l'intégralité de ses droits et de ses pouvoirs, car aucune démonstration absolue n'avait encore prouvé que le système adopté pût être remplacé par un meilleur.

Nous n'entendons faire ici aucune critique de l'Intendance militaire; l'organisation qui avait prévalu sous le premier Empire et sous la restauration, était peut-être la seule possible et elle répondait, dans une mesure assez étendue, aux besoins les plus urgents; seulement, aujourd'hui, la situation a changé, et le système ancien ne saurait, dès-lors, se maintenir plus longtemps.

La rapidité des communications et l'instantanéité du télégraphe, qui permettent pour ainsi dire à tout le monde de connaître et de comprendre presque *de visu* l'horreur d'un champ de bataille et l'immensité des souffrances et des douleurs qui demandent à être soulagées avec une promptitude extrême, ont rendu avec juste raison les familles et l'opinion publique exigeantes. Si ces exigences sont légitimes, il faut pour les satisfaire un déploiement de ressources et d'activité en rapport avec ces nouveaux besoins. L'organisation ancienne n'ayant pas été constituée en prévision de semblables devoirs, il ne saurait y avoir rien d'humiliant pour l'Intendance à reconnaître le nouvel état de choses et à déclarer avec une noble franchise que son abdication est devenue nécessaire et qu'elle est la première à le reconnaître et à demander la mise à l'étude de cette grave question.

Si cette appréciation n'est pas erronée, ce qu'il reste à faire est facile à déterminer : restreindre le service de l'Intendance au service des approvisionnements, tâche utile et suffisamment importante, puisque le triomphe des armées en campagne dépend presque toujours de la bonne organisation de ce service, et créer à côté un service sanitaire complétement indépendant et assez solidement constitué pour répondre à tous les besoins.

Hâtons-nous de déclarer toutefois que ce n'est pas l'indépendance absolue du corps médical, au point de vue administratif, que nous voudrions voir sortir de cette étude. Sur ce point aussi notre pensée est nette et arrêtée ; il faut que le corps médical se renferme dans sa spécialité de donner aux malades les meilleurs soins, sans avoir la prétention de se mêler de l'administration. Entrer dans cette voie serait se prêter à une confusion déplorable dont les conséquences deviendraient promptement désastreuses.

De même que le général en chef ne doit pas administrer directement le matériel de son armée, mais se borner à commander et à ne pas souffrir l'inexécution de ses ordres, de même il faut que le corps médical se contente de prévoir ce qui lui sera nécessaire en rédigeant des instructions claires et précises et en en exigeant l'exécution, mais sans s'immiscer dans des détails d'organisation qui n'appartiennent pas à sa spécialité.

Ces distinctions étant faites, une nouvelle question peut se poser. Je n'ai pas la prétention de lui donner une solution définitive. Mais comme elle trouve ici sa place naturelle, je demande au Conseil la permission de l'exposer brièvement. Le service sanitaire doit-il former un service spécial directement rattaché à l'administration de la guerre, ou peut-il en demeurer séparé quoique étroitement uni par un lien sérieux : celui de subventions régulières? J'ignore ce que l'avenir réserve à notre pays et quelle sera la constitution militaire de la France dans les nouvelles destinées qui vont lui être faites. Je suis cependant porté à croire (ce qui est vivement à désirer) que la centralisation excessive de notre pays disparaîtra dans une mesure dont je n'ai pas ici à indiquer la limite.

Or, la décentralisation du service sanitaire n'est-elle pas un des services qui pourrait le plus facilement et sans aucun danger commencer l'œuvre de la décentralisation administrative? Ne serait-il pas possible d'abandonner aux Sociétés de Secours la surveillance et l'organisation de tous les hôpitaux et hospices militaires pendant la paix? De s'en rapporter à elles pour les secours de toutes sortes à donner aux veuves, aux orphelins et aux militaires âgés et infirmes restés dans leur famille? Je n'hésite pas à répondre affirmativement.

Toutefois, comme nous ne pouvons trancher sans une étude très-approfondie cette question de nos rapports avec l'administration militaire et qu'elle a besoin, pour être résolue, d'un accord complet avec le ministre de la guerre, je ne donne pour le moment aucun développement à ces propositions, me bornant à réclamer l'indépendance du service sanitaire vis-à-vis de l'Intendance militaire actuelle et à protester contre cette affirmation que les Sociétés de Secours doivent se borner à être de simples auxiliaires. Dans ma conviction, elles doivent aspirer plus haut et réclamer de marcher librement à côté de l'Intendance, sans lui porter ombrage et sans rivalité entre les deux services; leur but est différent.

L'expérience de la présente guerre prouve jusqu'à l'évidence la nécessité de cette séparation, et notre Société a eu l'insigne honneur de démontrer qu'elle était possible en subvenant, par son initiative et ses seules ressources, à tout ce qui lui a été demandé soit par l'Intendance, soit par les différents Commandants des corps d'armée qui se sont, à diverses reprises, directement adressés à elle.

Je le répète d'ailleurs, je ne veux pas m'étendre en ce moment sur ces différents points de vue, il me suffit de les avoir indiqués sommairement. Je sais que je rencontrerais probablement, sur cette manière d'envisager notre œuvre, de vives contradictions dans le Conseil d'abord, dans l'administration de la guerre ensuite, s'il s'agissait de faire passer immédiatement ces idées de la théorie à la pratique. Des questions plus urgentes nous préoccupent tous; mais comme je crois être dans le vrai et que, tôt ou tard, les solutions que j'indique seront appliquées, si l'avenir de liberté que Dieu accordera peut-être à la France nous permet de constituer librement de grandes associations comme en Angleterre et en Amérique, j'ai désiré au moins leur donner ici une mention : Ce sont de simples pierres d'attente pour un édifice futur.

III

Si l'indépendance absolue des Sociétés de Secours ne pouvait être obtenue de l'autorité supérieure, et qu'elles dussent encore longtemps rester dans les attributions de l'administration de la guerre, tout en y constituant un service en dehors de celui de l'Intendance, je serais d'avis de placer à leur tête un directeur unique, qui centraliserait les forces et empêcherait l'éparpillement des efforts et des ressources.

Si, au contraire, elles peuvent arriver à une vie séparée et indépendante, et même dans l'hypothèse où nous resterions Société annexe de l'Intendance, je ne serais pas d'avis de mettre à leur tête un Directeur unique. Dans une société libre, un Directeur a trop de pouvoirs et finit par paralyser au bout de peu de temps toutes les initiatives. Aucune amélioration en dehors de celles qui lui conviennent ne devient réellement possible, et il se produit une absorption de l'œuvre qui présente toujours plus d'inconvénients que d'avantages. Ce danger n'existe pas dans les administrations publiques, parce que le Directeur s'y trouve soumis à des autorités, à des contrôles qui limitent son action d'une manière absolue, tandis que la surveillance d'un Conseil composé d'hommes d'un dévouement et d'une bonne volonté presque toujours incontestable est cependant intermittente et susceptible d'une lassitude inévitable.

Quelle que soit du reste la situation de la Société et qu'elle soit une simple annexe ou une Société indépendante, son organisation doit être à peu près la même, et il me reste à en préciser les bases.

Je vais commencer par la constituer dans ses rouages principaux; j'établirai ensuite sommairement le fonctionnement séparé de chacun des services, et, dans des annexes, je préciserai avec détails l'organisation intérieure.

IV

Une Société de Secours aux blessés a besoin de faire appel à de nombreux dévouements, lorsqu'elle est en activité de service, c'est-à-dire pendant la guerre. Il est donc nécessaire que ses cadres aient une élasticité qui se prête à tous les développements; mais comme en même temps son action peut devenir infiniment restreinte pendant la paix, il faut qu'elle puisse se resserrer avec une égale facilité.

Je n'ai guère, à cet égard, qu'à jeter les yeux sur l'organisation actuelle de la Société, pour reconnaître que sa constitution se prête à ces deux hypothèses. Il ne s'agit donc que de bien délimiter les attributions des divers Sous-Comités, en y apportant successivement les modifications que l'expérience nous a fait juger utiles. Le Conseil a en effet procédé par créations successives, pour faire face aux diverses nécessités qui se produisaient; dès-lors, il est évident qu'il ne pouvait espérer rencontrer du premier coup une coordination complète et définitive.

Nous avons proposé de ne pas placer de Directeur à la tête de la Société. Si le Conseil partage cette opinion, il devra se rattacher nécessairement à la pensée de constituer un Comité de direction.

En ce moment, c'est le Conseil, composé de cinquante membres, en tenant compte des membres actuellement en dehors de Paris, qui administre la Société.

Un Conseil de ce genre ne saurait être un vrai Comité de direction. Il est impossible, et il n'est même pas désirable que, dans une réunion aussi nombreuse, tous les membres donnent un concours actif et suivi comme celui qui est nécessaire à la direction d'une grande Société. Il suffit d'énoncer cette affirmation, elle n'a pas besoin d'une longue démonstration.

Dans tous les Conseils trop nombreux, il est toujours arrivé et il arrivera toujours, sans aucune exception, que la plus grande partie des membres n'ayant pas une égale assiduité, les décisions prises la veille seront très-souvent annulées ou modifiées le lendemain par des membres qui étaient absents à la séance précédente. Nous en avons vu de nombreux et regrettables exemples.

Je serais cependant d'avis de maintenir à la tête de la Société un Conseil de cinquante membres, mais à la condition de limiter ses réunions et son action.

En temps de paix, le Conseil devrait se réunir une fois par mois; en temps de guerre, une fois par semaine; il se bornerait à un rôle purement consultatif. A chacune de ses séances, on lui donnerait lecture des procès-verbaux des réunions du Comité de direction dont il va être parlé ci-après. Il aurait un droit d'observation et de contrôle sur la ligne de conduite générale indiquée par ces procès-verbaux; mais il ne s'immiscerait pas dans la direction elle-même, ni dans les détails d'exécution. C'est surtout par le vote annuel du budget des recettes et des dépenses et dans l'approbation ou la désapprobation des comptes de l'année antérieure qu'il exercerait sa véritable autorité.

Ce Conseil se subdiviserait en Sous-Comités dont il désignerait annuellement les Présidents. Ce sont les Présidents de Sous-Comités qui, à mon avis, devraient former le Conseil de direction. Ce Conseil se réunirait tous les jours en temps de guerre et tous les huit jours en temps de paix. On y adjoindrait le Secrétaire général dont la situation ne serait pas celle d'un Directeur, mais d'un fonctionnaire permanent de la Société, ayant une position égale à celle des autres membres du Conseil de direction, Présidents des Sous-Comités. Seulement, il figurerait au budget avec un traitement en rapport avec la situation qu'il est nécessaire de lui créer et dont l'importance permettrait d'exiger qu'il donne exclusivement à l'œuvre son intelligence, son temps et son dévouement. Je n'admettrais pas la possibilité que ces fonctions fussent gratuites; il faut que la Société puisse être exigeante vis-à-vis de son Secrétaire général.

Le choix d'un Secrétaire général, dans ces conditions, est, quant à la personne, d'une importance extrême. Il faut trouver un homme qui sache à la fois obéir avec intelligence et commander avec fermeté. Ces deux qualités réunies sont rares, je le reconnais; mais on peut cependant les rencontrer.

La France a été perdue par les incapacités vaniteuses qui pullulent dans notre malheureux pays et nous ont conduit à nos désastres actuels. Espérons que la leçon ne sera pas perdue et que de toutes parts on se tiendra désormais en garde contre elle. Tout l'art de gouverner consiste à savoir choisir les hommes et à les mettre à leur place. Tâchons d'être les premiers à donner cet exemple de savoir choisir notre personnel.

Je n'ai pas à parler ici de la situation du Président de la Société; ses fonctions sont fixées par l'usage de toutes les Sociétés. Il présidera de droit le grand Conseil et le Comité de direction ; il représentera la

Société au dehors et vis-à-vis des tiers ; il donnera enfin l'impulsion générale à la Société, en restant étranger aux affaires dont les Comités compétents seront seuls chargés, ainsi, du reste, que les règles en ont déjà été établies par notre règlement actuel.

On pourrait nommer pour le grand Conseil quatre Vice-Présidents et trois Secrétaires; mais ces fonctions ne doivent donner aucune autorité dans la Société. Les Vice-Présidents doivent se borner à suppléer le Président, en cas d'absence aux séances du grand Conseil, et les Secrétaires à rédiger les procès-verbaux.

Quant au Comité de direction, en l'absence du Président, il sera présidé par le membre du Comité qui sera le doyen d'âge.

Je proposerai une seule innovation à ce qui existe : ce serait la création de deux ou trois Inspecteurs généraux qui se partageraient la surveillance de tous les services, rédigeraient des rapports trimestriels pour le grand Conseil, sans avoir, toutefois, d'autres droits que celui de contrôle sur les services.

J'entrerai tout à l'heure dans les détails sur les attributions du Secrétariat général, des Sous-Comités et de l'Inspection générale. Je vais auparavant vous présenter le tableau de l'organisation, telle que je la conçois dans son ensemble.

LE CONSEIL GÉNÉRAL.

Il serait composé de cinquante membres, ayant à sa tête un bureau composé d'un Président, de quatre Vice-Présidents, d'un Secrétaire général et de trois Secrétaires.

LE COMITÉ DE DIRECTION.

Il serait composé comme suit :

1° Du Secrétaire général ;

2° Des Présidents des Sous-Comités suivants ;

I. Services religieux ;

II. Relations avec les Sociétés étrangères ;

III. Service médical ;

IV. Ambulances volantes et Ambulances près les corps d'armée

V. Ambulances sédentaires et Hôpitaux ;

VI. Renseignements sur les blessés, les prisonniers et les morts;

VII. Relations départementales;

VIII. Comptabilité;

IX. Matériel et Approvisionnements;

3° Des trois Inspecteurs généraux;

Et 4° du Secrétaire du Comité des Dames.

Je ne mentionne en ce moment ici que pour mémoire le Comité des Dames, sans déterminer ses attributions. Il fera, à la fin du rapport, l'objet de considérations spéciales.

V.

ATTRIBUTIONS DES DIVERS SERVICES.

Je rappellerai ici ce que j'ai déjà dit : je n'ai en vue aucune personnalité, et mon intention formelle est de ne faire la critique d'aucun des services de la Société.

Dans les premiers jours de la guerre, lorsque nous étions à peine sept ou huit membres dans le Conseil, pour faire face à toutes les nécessités, chacun a donné son concours, sans réserve et en acceptant indistinctement ce qu'il y avait à faire, sans se préoccuper de savoir s'il se produirait ultérieurement des enchevêtrements d'attributions de nature à préjudicier à une bonne organisation du service. Aujourd'hui qu'il s'agit de remettre tout dans l'ordre logique, je prendrai indistinctement dans les services ce que je croirai devoir en détacher, pour l'attribuer à un autre, sans penser aux personnes, me préoccupant uniquement du but à atteindre.

1. — Secrétariat général.

Il est incontestable que les fonctions de Secrétaire général ont une importance toute particulière dans une Société comme la nôtre; c'est le pivot autour duquel tout doit converger, le rouage caché, mais puissant, qui doit donner le mouvement et la vie.

Voici quelles devraient être, à mon avis, ses attributions :

1° Décacheter et faire enregistrer sommairement toute la correspondance générale; puis chaque jour, avant midi, répartir les lettres entre les divers Sous-Comités qu'elles concernent;

2° Centraliser chaque jour, à l'heure de la poste, la correspondance de tous les Sous-Comités, pour la faire affranchir et expédier;

3° Répondre à toutes les lettres ne rentrant dans les attributions d'aucun Sous-Comité;

4° Rédiger les procès-verbaux du Comité de Direction et conserver les registres des délibérations du Conseil général, dont la rédaction est confiée à des Secrétaires spéciaux;

5° Représenter la Société près de tous les Ministères et les Administrations publiques, comme délégué du Conseil, toutes les fois qu'il n'est pas nécessaire que le Président de la Société agisse personnellement;

6° Proposer au Conseil général l'admission des nouveaux membres fondateurs ou souscripteurs de la Société; centraliser la liste des personnes affiliées et ayant le droit de porter les insignes et de recevoir une carte nominative d'affiliation, sans cependant avoir le droit de faire aucune distribution de ces insignes sans l'avis des Sous-Comités compétents qui ont seuls le droit de faire les désignations de personnes;

7° Surveiller la rédaction et l'impression des bulletins et publications quelconques de la Société, dont aucun ne doit pouvoir sortir de l'imprimerie sans son visa sur le *bon à tirer;*

8° Surveiller le personnel des bureaux et des gens de service, avec le droit exclusif de faire les propositions au Comité de direction pour les nominations et les remplacements. Les nominations et envois doivent, d'ailleurs, toujours être annoncés d'avance aux divers chefs de service, pour qu'ils puissent présenter à la séance du Comité de direction leurs observations;

9° Convoquer régulièrement tous les membres pour les séances du Conseil général, du Comité de direction et des Commissions, quand des convocations seront jugées utiles;

10° Prendre toutes les décisions provisoires dans l'intervalle des réunions du Comité de direction toutes les fois que ces décisions ne pourront entraîner aucune espèce de dépense nouvelle et qu'il y a urgence à ne pas attendre la réunion du Conseil;

11° Apposer son visa sur tous les bons émanant d'un Président de Sous-Comité et entraînant une dépense quelconque en argent ou en matériel, sans toutefois avoir le droit de refuser ce visa, qui n'entraîne pour lui aucune responsabilité, les Présidents des Sous-Comités étant seuls responsables vis-à-vis du Comité de direction, s'ils avaient outrepassé leurs crédits ou leurs pouvoirs ;

12° Viser toutes les quittances de cotisations, souscriptions ou dons en argent, délivrés par le caissier, et qui doivent être détachées de registres à souche.

2. — Sous-Comité religieux.

Le Président de ce Sous-Comité choisit et présente à l'approbation du Comité de direction les aumôniers, ministres ou rabbins qui doivent être attachés aux Ambulances volantes ou sédentaires; traite toutes les questions religieuses avec les autorités religieuses ou civiles compétentes, et entretient toutes les correspondances nécessaires à ce service. Les traitements ou indemnités sont fixés par le Comité de direction, sur sa proposition.

Ce Sous-Comité a également dans ses attributions les bibliothèques de la Société et le choix des livres à donner dans les Ambulances.

3. — Sous-Comité des Relations extérieures.

Le Président de ce Sous-Comité représente la Société près des Sociétés étrangères et traite toutes les questions extérieures, en se conformant aux indications précises du Comité de direction, auquel il doit soumettre toutes les questions internationales et toutes les correspondances entraînant une décision à prendre. Il centralise toutes les publications étrangères sur les Sociétés de Secours aux blessés et doit se tenir au courant de tous les perfectionnements apportés à l'Étranger pour le soulagement des blessés.

4. — Sous-Comité du Service médical.

Le Président de ce Sous-Comité choisit et présente à l'approbation du Comité de direction, les médecins, les chirurgiens, aides et sous-aides; il arrête *la composition* des Ambulances en personnel et en matériel ; il propose toutes les améliorations et tous les essais qu'il croit utile de tenter pour le soulagement des blessés et exerce une inspection permanente sur tous les services médicaux. Il est absolument interdit aux membres de ce Sous-Comité de prendre la direction d'une Ambulance ou d'un Hôpital sédentaire. Leur action et leur surveillance doivent s'exercer sur l'ensemble des services et ne doit jamais se fixer sur un point particulier.

5.—Sous-Comité des Ambulances volantes et des Ambulances près les corps d'armée.

Il nous a paru absolument indispensable, au point de vue de la bonne direction de ces Ambulances, de les détacher du Comité médical, avec lequel elles ont cependant des affinités naturelles.

Le Sous-Comité médical choisit les médecins et désigne la nature et les quantités de matériel qui doivent composer les Ambulances. Mais, à côté de ces désignations, il y a, pour le fonctionnement de ces Ambulances, une partie administrative qui ne saurait appartenir au corps médical. Nous insistons donc pour qu'un Comité spécial ait la surveillance et la responsabilité de ces services, au point de vue surtout de la surveillance de leur matériel et de leurs approvisionnements en campagne.

Nous n'avons pas à entrer ici dans les détails, nous dirons seulement que la présentation et la révocation des comptables et des infirmiers appartient, dans ce projet, au Sous-Comité, sauf toutefois la ratification par le Comité de direction. Il a également, dans les mêmes conditions, la désignation des délégués dont il juge à propos de faire accompagner les Ambulances.

6. — Sous-Comité des Ambulances sédentaires.

Le service des Ambulances sédentaires nécessite également la créa-d'un Sous-Comité spécial; car il y a des visites à faire aux blessés, une surveillance à exercer, des secours à déterminer et à porter qui exigent, même à certains moments, de nombreux dévouements. Ici encore doit être naturellement réservé, au point de vue de l'hygiène et du service médical, la surveillance et l'inspection du Sous-Comité médical; mais les deux actions peuvent s'exercer simultanément et ne se contrarient en aucune façon.

Nous croyons devoir ajouter ici que, dans notre pensée, la Société ne doit, que dans des cas tout à fait exceptionnels, créer des Ambulances sédentaires, et qu'elle doit se borner à surveiller, à encourager et subventionner des Ambulances affiliées.

7. — Sous-Comité des Renseignements sur les blessés, les prisonniers et les morts.

L'internationalité de notre Société lui a donné de grandes facilités pour se procurer les listes des prisonniers, des blessés et des morts, et en même temps pour faire passer des secours aux blessés et aux prisonniers en pays ennemis.

Je n'ai rien à dire sur ce Comité, qui est un de ceux qui fonctionnent le mieux; il n'y a qu'à conserver son organisation actuelle. Je la détaillerai dans les annexes.

8. — Sous-Comité des Relations départementales.

J'ai déjà établi, dans un rapport spécial, la manière dont avait fonctionné le Comité départemental. Je crois que, pour ce Comité, il n'y a également qu'à lui laisser ses attributions actuelles, en lui donnant satisfaction sur quelques points de détail, comme la distribution exclusive des insignes aux Comités sectionnaires et la proposition absolue des secours à envoyer aux Comités départementaux se trouvant les plus rapprochés du théâtre de la guerre.

9. — Sous-Comité de la Comptabilité.

Ce Sous-Comité a pour attributions la surveillance de la caisse, le contrôle de toutes les pièces comptables et la préparation des budgets.

Aucun paiement ne peut avoir lieu par la caisse, sans le visa de son Président ou d'un de ses membres délégué.

10. — Sous-Comité du Matériel et des Approvisionnements.

Ce Sous-Comité n'existe pas dans la Société, et c'est une lacune fort regrettable. Ses attributions seront de surveiller tout le matériel de la Société et d'ordonner les achats.

Il devrait se subdiviser de la manière suivante :

1° Denrées alimentaires ;

2° Liquides ;

3° Voitures et Écuries ;

4° Matériel autre que les Denrées alimentaires ;

5° Comptabilité des entrées et des sorties.

Ce Comité ne doit rien délivrer sans un bon émanant d'un Président de Sous-Comité contresigné par le Secrétaire général. Aucun membre de ce Sous-Comité ne doit avoir le droit de délivrer un seul bon.

11. — Inspection générale permanente.

Enfin, comme complément de ces divers services, il me semblerait indispensable de créer deux ou trois Inspecteurs généraux, ayant le droit d'exercer un contrôle permanent sur tous les services et le devoir obligatoire de présenter un rapport au grand Conseil, sur le fonctionnement de la Société et sur les améliorations qui lui paraîtraient bonnes à réaliser.

Comme nous l'avons déjà dit, ce sont les Présidents de ces divers Sous-Comités, réunis au Secrétaire général et aux Inspecteurs généraux, qui devront former, sous la présidence du Président de la Société, le Conseil de direction.

Le Conseil de direction centraliserait tous les pouvoirs actifs, en se renfermant dans les limites d'un budget qu'il aurait présenté chaque année à l'approbation du Conseil général. Mais aucune dépense, si minime qu'elle soit, ne saurait être faite sans son autorisation, et tous crédits dépassés ou irrégulièrement ouverts devront rigoureusement rester à la charge du Président, du Sous-Comité ou du Chef de service qui s'y serait laissé entraîner.

Je n'ai pas voulu entrer ici dans des détails plus minutieux sur les attributions de tous les Sous-Comités. Elles se trouvent énumérées avec la dernière précision dans les annexes jointes à ce rapport et pourront être également discutées, si le plan général dont je soumets aujourd'hui la pensée au Conseil recevait son approbation et devait passer du domaine de la théorie dans celui des faits.

Comité des Dames.

Il me reste, pour compléter ce travail, à parler du Comité des Dames. Je suis ici très-embarassé ; car, tout en reconnaissant toute l'utilité d'un semblable Comité, au point de vue du dévouement et de l'abondance de secours qu'il peut procurer, je suis très-peu fixé sur l'organisation permanente dont il pourrait être susceptible.

Faut-il lui donner la mission d'organiser des Comités de Dames dans les départements ; de prendre une part active à l'œuvre parallèlement à notre Comité de direction ? C'est une grave question.

Devons-nous restreindre la part des femmes dans les Sociétés de Secours à cet unique objet de rechercher les moyens, d'augmenter les ressources de l'œuvre avec cette merveilleuse intelligence qu'elles déploient en général dans cette mission ?

Faut-il leur donner à distribuer des secours aux veuves et aux orphelins, ce qu'elles feraient avec un tact et un cœur si parfait ? Leur donnerons-nous également place dans un service d'inspection et de surveillance pour des Ambulances déterminées ?

Il est à craindre que cette part ne leur semble bien insuffisante. Il y a donc une étude spéciale à faire, pour laquelle j'aurais besoin de me concerter avec la présidente, Madame la comtesse de Flavigny. Un point sur lequel j'ai seulement une opinion arrêtée, c'est qu'il ne me paraît pas pratique de leur confier de grandes Ambulances, à moins qu'elles n'acceptent de se hiérarchiser complétement et à abandonner la surveillance de leurs maisons (ce qui est impossible de demander à des femmes du monde). Dans les Ambulances de quelques lits, qui ne leur demanderont pas tout leur temps, et où elles n'auraient qu'une surveillance générale, je crois, au contraire, qu'elles pourraient rendre de grands services.

Je ne touche, du reste, qu'avec une grande réserve toutes ces délicates questions, afin de n'éveiller aucune susceptibilité.

Seulement, ayant voulu envisager, dans ce rapport, la Société dans son ensemble, il m'était impossible de ne pas mentionner le Comité de Dames, ne fût-ce que pour poser un point d'interrogation ?

IMPRIMERIE CENTRALE DES CHEMINS DE FER. — A. CHAIX ET Cie, RUE BERGÈRE 20, A PARIS. — 336-1

www.ingramcontent.com/pod-product-compliance
Lightning Source LLC
LaVergne TN
LVHW020459230826
846091LV00008BA/3282

* 9 7 8 2 0 1 9 2 3 0 0 9 8 *